LE ZODIAQUE

c'est facile a comprendre avec les labradors

Nana Lys

Eleonora De Pieri

Editions
La Plume de l'Argilète

Aujourd'hui, mes petits chiots, nous allons étudier les **12 signes du zodiaque.**

Le zodiaque signifie la « route des animaux ».

 Nous allons donc faire un grand cercle autour de moi qui représente le zodiaque.

Il a été divisé il y a très longtemps, (500 ans avant **Jésus-C**hrist), en **12** parties égales, une pour chaque mois de l'année. En partant du **21** Mars, le printemps, on a donné à chacun le nom de l'astre le plus proche !

En un an, la terre décrit un grand cercle autour du soleil, qui traverse ces **12** signes en **12** mois.

Qu'est-ce que vous retenez ?

Toujours le chiffre **12** !

Sauf pour le **21** mars, qui est l'inverse du **12** !

Les signes, que nous allons découvrir, correspondent à **votre jour de naissance et le mois de l'année.**

Vous allez voir, c'est très simple !

Nous allons commencer par le premier signe, nous l'avons déjà dit, c'est le bélier.

Car notre ronde commence avec les saisons et **la première saison c'est... le printemps.** Donc, vous allez le voir, on commence par...

Le jour du printemps, c'est le 21 Mars !

1ER signe – LE BELIER

(né du 21 mars au 19 avril)

C'est lui, le premier chiot qui entre dans la ronde, car c'est le printemps !

On voit un élan, que la nature se réveille.

Le bélier, avec ses cornes, est plein d'audace. Il fonce, il agit quelquefois sans réfléchir, courageux et décidé. Il aime bien commander, c'est un meneur !

2ème signe – LE TAUREAU

(né du 20 avril au 20 mai)

La nature est belle. On a envie de se promener ! Il ne fait pas encore trop chaud !

Regardez la tête du taureau, avec ses cornes ! Il est puissant, travailleur et créateur, pratique. Il aime bien vivre, mais il aime sa tranquillité, et peut être obstiné.

3ème signe — LES GEMEAUX

(né du 21 mai au 21 juin)

Nous sommes à la fin du printemps, la
nature s'agite ! Tout est en mouvement.

Regardez nos Gémeaux, on dirait des
Jumeaux ! Ils sont curieux et très malins,
inséparables, mais ils peuvent aussi,
en allant toujours très vite, aller trop vite.
Même s'ils font la paire, puisqu'ils sont
Jumeaux !

1 Bélier, 2 Taureau, 3 Gémeaux :

le printemps est terminé !

C'est la première saison.

Le Printemps

4ème signe — LE CANCER
(né du 22 juin au 22 juillet)

C'est l'été, il fait chaud, et l'on aime s'abriter à l'ombre pour mieux profiter de l'été !

Le cancer représente un crabe. Regardez la queue de notre chiot, en forme de pince. Il évoque une carapace, mais bien tendre, car notre cancer est sensible et délicat, artiste. Il peut même être, par moments, encore un enfant. Il aime se protéger et trouver refuge dans son cocon familial !

5ème signe — LE LION

(né du 23 Juillet au 22 Août)

C'est le milieu de l'été.

On fait la fête, on laisse les récoltes mûrir !

Le lion est le roi des animaux.

Il aime dominer, aller jusqu'au bout de ses actions, et il est généreux, mais très fier !

6ème signe — LA VIERGE

(né du 23 Août au 22 Septembre)

C'est la fin de l'été. Moissons et vendanges, l'école se pointe à l'horizon !

La vierge est méthodique, studieuse, fini les vacances !

Mais serviable et dévouée, elle est très sage. Il ne faut pas qu'elle s'inquiète de trop quand même, tout va bien se passer !

4, 5, 6, et voici l'été achevé !

La 2ème saison est passée.

L'été

7ème signe — LA BALANCE
(né du 23 Septembre au 23 Octobre)

C'est le début de l'automne, tout est beau !

Le jour et la nuit s'équilibrent, de même durée, et font penser aux deux sacs alignés que suspend notre chiot.

Il a le sens de l'équilibre, de la justice, de la diplomatie, de la beauté.

Mais quelquefois, il peut hésiter entre deux décisions, comme les poids de la balance, qui montent et descendent !

8ème signe — LE SCORPION
(né du 24 Octobre au 22 Novembre)

La nature paraît endormie... Mais non, il n'en est rien ! Tout renaîtra, mais plus tard.

Le scorpion a besoin d'être confronté aux situations complexes pour exister. Ce sont les difficultés qui attisent ses passions et son énergie. Regardez la queue du scorpion en avant, et dans sa fière position, il n'a peur de rien ! Il est aussi très résistant.

C'est le Superscorpion !

9ème signe — LE SAGITTAIRE

(né du 23 Novembre au 21 Décembre)

C'est la fin de l'automne.

On se prépare aux belles soirées hivernales.

Le sagittaire a sa plume et sa flèche dirigées vers le haut.

Son regard est tourné vers le lointain.

Il aime les voyages et a le goût de l'aventure, du monde.

7, 8, 9, l'automne est passé !

La troisième saison a pris fin.

L'automne

10ème signe — LE CAPRICORNE

(né du 22 décembre 2013 au 20 Janvier)

Nous voici en hiver, il fait froid !

Mais la terre n'est pas morte.

Notre capricorne, qui a l'apparence froide de l'hiver, sait attendre. On le compare à un bouquetin avec ses deux belles cornes. Solitaire sur ses sommets, il se contente de peu, mais il est tenace et méfiant !

Il concentre son énergie sur ses ambitions. Quelquefois, il est même trop sérieux !

11ème signe — LE VERSEAU
(né du 21 Janvier au 18 Février)

Nous sommes au plein milieu de l'hiver.

On se repose, mais on en profite pour aller voir ses amis, comment ils travaillent, essayer les nouvelles inventions qui faciliteront la vie.

Par cette ouverture d'esprit, le verseau apporte l'originalité aux autres, ainsi que la connaissance et l'information. Il sort de sa niche et il n'aime pas les contraintes, mais il est très sociable !

12ème signe — LES POISSONS
(né du 19 Février au 20 Mars)

Ca y est ! Nous quittons l'hiver petit à petit. Nous voyons du changement dans le paysage, et les jours rallongent.

Mais tout est encore flou. Un cycle s'achève et un autre s'amorce.

Nos poissons sont ici et ailleurs !
Il sont très sensibles et illustrent la liberté.
Essayez d'attraper un poisson !
Aussi, il sont toujours prêts au changement !

10, 11, 12, l'hiver est fini.

La quatrième saison n'est plus !

L'hiver

Nous revoici au 1, 2, 3. Le cycle recommence ! Revoici le printemps et en premier, notre bélier, tête en avant, comme le printemps !

Mes douze petits chiots, nous avons vu avec vous les 12 signes de l'année. Tout le monde trouvera des ressemblances avec son signe et le mois de sa naissance. Tous les signes sont formidables, avec simplement des énergies différentes ! Vous êtes entrés dans la ronde. Bravo à tous, du Bélier aux Poissons ! Vous êtes en harmonie avec les saisons !

Responsable éditoriale : Jennifer Bentini
Co-responsable éditorial : Richard Mathieu
Texte : Nana Lys   Illustrations : Eleonora De Pieri

Ce livre a été rédigé en police Dyslexie©, créée par Christian Boer, lui-même atteint de dyslexie. Elle permet de faciliter la lecture aux personnes ayant des troubles de lecture. Pour plus d'informations sur la police Dyslexie©, visitez le site www.auxilidys.fr

La Plume de l'Argilète, 31 au joli fou, 57580 Rémilly.
www.laplumedelargilete.com

9 791025 501269